AF254138

BERRYER

PAR

NESTOR ROQUEPLAN

PARIS

E. DENTU, LIBRAIRE-ÉDITEUR

PALAIS-ROYAL, 17 ET 19, GALERIE D'ORLÉANS

—

1869

BERRYER

A l'aspect d'un parti qui se symbolise par un homme,
M. Berryer, qui lui donne ses pouvoirs, ses espé-
rances, qui se confie aux chances de sa parole, et qui,
faute de pouvoir mieux faire, se transfigure dans une
unité, n'éprouve-t-on pas un grand sentiment de cu-
riosité, un désir très-vif de connaître cet homme, de
savoir quelles transitions, quels arrangements de la
vie l'ont amené à cette position de chef politique.

On doit être curieux d'apprendre comment la dy-
nastie de Charles X, mal défendue par des épées vail-
lantes, mais trop peu nombreuses pour former un
faisceau, trompée par des conseillers devenus fous,
abandonnée de ses serviteurs devenus sages, a laissé
sur le sol de la France, en partant, une sentinelle per-
due qui n'a pas jeté sa cocarde, et qui, de temps en

temps, tire en l'air un coup de fusil chargé à poudre en l'honneur de ses maîtres vaincus.

Étrange spectacle que celui d'une cour aristocrati-que plastronnée de blasons, réduite dans le malheur à ne compter, pour défenseurs actifs et toujours présents sur la brèche, qu'une poignée de journalistes ardents et roturiers, commandée par un avocat qui n'a de parchemins que dans ses dossiers.

En faisant ici l'histoire de M. Berryer, nous sommes rigoureusement conduit à dire les particularités qui, de simple avocat, le transformèrent en homme politique.

M. Berryer, membre de la Chambre des députés, est le fils aîné de M. Berryer, avocat remarquable, très-aimé dans son temps, aujourd'hui très-regretté, qui s'était créé une clientèle superbe, et fut chargé, avec M. Dupin aîné, de la défense du maréchal Ney. M. Berryer fils, élevé au collége de Juilly, donna de bonne heure maintes preuves de facilité et de paresse, de frivolité et d'intelligence. Il fit, en somme, des études médiocres.

Les anciens oratoriens qui dirigeaient le collége, se donnèrent au diable pour comprimer son naturel aventureux : mais, s'ils ne parvinrent à rendre leur élève fort en thème, ils réussirent du moins à jeter dans cette tête fertile en impressions, quelques germes d'idées religieuses, que le matérialisme des affaires, le positif de la vie, les plaisirs du monde n'ont

jamais déracinées. A voir M. Berryer, si peu canoni-
que en apparence, si facile, si peu austère, ceci doit
paraître une plaisanterie. On peut croire que ses pré-
occupations catholiques sont pure affaire de parti.
pure hypocrisie politique. Eh bien! non ; M. Berryer
est toujours convaincu. Quand il prie, il croit ; quand
il pleure sur l'innocence d'un client, il est convaincu
de son innocence ; seulement ses convictions ont le
malheur de ne pas durer longtemps. Cette mobilité
d'humeur, qui colore si diversement plusieurs côtés
de son caractère et plusieurs phases de sa vie, ne l'a
pourtant jamais égaré hors de la ligne politique qu'il
s'est tracée depuis qu'il est homme : il est resté fidèle.

M. Berryer débuta au barreau en 1812. Son père
exploitait alors à lui seul toutes les grandes affaires
commerciales, qui lui arrivaient par le canal de
M. Gornaud, son parent, agréé, très-honorablement
posé au tribunal de commerce. Dans un lambeau de
sa vaste clientèle le père trouva amplement l'étoffe
d'une robe d'avocat pour son fils : il lui abandonna
une partie de ses causes.

Dès son entrée dans le monde, à l'âge de vingt et
un ans, le jeune Berryer devint amoureux fou de ma-
demoiselle Gautier, fille de l'administrateur des vivres
de la première division militaire, très-belle et blonde
personne qu'il épousa. La conscription faisait alors
de grands ravages ; la feuille de route donnée aux
conscrits était un passe-port pour l'éternité : per-

sonne ne pouvait échapper à la voracité des réquisi-
tions d'hommes ; après avoir acheté cinq ou six rem-
plaçants, on partait comme garde d'honneur : les
levées ne respectaient plus que les prêtres et les
hommes mariés. Ainsi l'on peut croire que la dé-
termination prématurée du jeune Berryer lui fut
aussi dictée par son éloignement des vanités guer-
rières.

L'invasion des armées coalisées le trouva donc vi-
vant, heureux d'avoir soustrait sa personne aux ravages du canon, et marié selon son goût. Néanmoins,
à l'approche des Russes, il s'était retiré à la campagne,
non par peur des alliés, mais par répugnance pour le
service de la garde nationale, qui avait bien aussi ses
désagréments. En un mot, M. Berryer ne se souciait
nullement de figurer dans le tableau de la *Barrière de
Clichy*.

M. Berryer jusque-là n'avait nourri aucun sentiment politique. Son origine et son éducation ne lui
conseillaient pas la haine du système impérial. Il devint, par entraînement et aussi par éloignement du
régime militaire, royaliste chaleureux. Bellart son-
geait déjà à former cette phalange de jeunes magis-
trats qui devaient dépenser tant d'ardeur à soutenir
les persécutions du pouvoir et à colorer de sophismes
les tendances de la Restauration ; déjà l'avenir politique de M. Berryer lui semblait plein de riches promesses, quand le retour de l'île d'Elbe vint défaire

ces plans et tant d'autres, et forcer le jeune espoir du parquet d'ajourner son royalisme.

Quand reparurent les Bourbons, les réactionnaires songèrent de nouveau au parti qu'ils pouvaient tirer d'un talent éprouvé dans les luttes du barreau, et voulurent faire don à la magistrature de ce diamant d'éloquence. Mais, au moment de s'expliquer, M. Berryer comprit que sa position ne lui permettait pas d'accepter ces périlleux et maigres honneurs.

Un traitement de procureur général tout entier n'aurait pu défrayer un seul de ses goûts.

Sa jeunesse, sa chaleur, le charme de cet organe sonore qui laisse après les repos de l'orateur un écho qui murmure des plaintes et des émotions tendres; l'expression à la fois ouverte, riante et mélancolique de son visage, son penchant pour les plaisirs, le jeu, la table et les vins fins, en avaient fait un avocat distingué, applaudi, influent et un jeune homme du monde fort recherché.

Cette immense facilité de travail qui lui permit d'étudier ses causes à l'audience ou chez lui entre deux manches d'une partie d'écarté amenèrent dans sa maison l'opulence et les relations.

La succession du marquis de Vérac, les affaires des royalistes qui rentraient dans leurs coupes de bois, celles de grands émigrés qui avaient de vieilles liquidations à régler, l'occupèrent et l'enrichirent.

M. Berryer voulait et devait rester avocat. Il se débattit contre les velléités d'une ambition stérile, jusqu'au jour où les jésuites songèrent à le circonvenir.

Pendant l'opposition de MM. de Villèle et Corbière, ils le rattachèrent à la nuance des hommes plus exaltés que les deux opposants, et à ce parti prêtre qui, caché derrière eux, n'en voulait faire que des instruments, de telle sorte qu'il devint bientôt plus dévoué au pape qu'au roi de France, plus royaliste que le roi, comme on disait alors. Ses rapports avec l'abbé de Lamennais entretinrent chez lui le feu de cette exaltation.

Il ne pouvait manquer de se lier aussi avec M. de Vitrolles, placé en intermédiaire entre le parti prêtre et Charles X, espèce de Fouché mystérieux, toujours sur la porte du ministère et n'y entrant jamais, parce que ses goûts aventureux, son besoin des affaires, son penchant pour l'industrialisme et les opérations aléatoires, alarmaient des gens bien disposés pour lui, mais redoutant par-dessus tout son habileté.

Parallèlement à cette vie d'intrigues, M. Berryer menait une vie mondaine, recherchant beaucoup les hommes de plaisir et de bon goût, très-lié avec Désaugier, sachant par cœur toutes les chansons de Béranger, et, par opinion, ne voulant jamais les chanter, assidu dans les maisons où l'on rit, chante et boit, quelles que fussent leurs communions politiques, lorsqu'il lui vint à l'esprit de coopérer à la fondation de la Société des bonnes lettres et de la Société des bonnes études. Il donna plusieurs leçons, qui peu à peu décidèrent en lui pour les discussions de la tribune un penchant qu'il avait combattu. On le vit alors s'occuper de théories politiques; et, sous le ministère de M. de Villèle, il était assez fort sur les affaires du pays pour négocier des raccommodements, opérer des brouilles, pour prendre part à toutes les petites coquetteries boudeuses qui obscurcissaient la bonne intelligence du ministère et de la congrégation ; en un mot, pour être un homme utile, applicable et consulté.

A cette époque, M. Berryer avait donc dépassé, par son importance, toutes les positions subalternes qu'on aurait pu lui offrir. Il ne pouvait plus être procureur général, il devait être garde des sceaux ; mais la Chambre était interdite à ses trente-sept ans, et, pendant ce temps, les soins qu'il avait donnés à la politique, son éloignement des affaires du Palais, son amour infatigable des plaisirs du monde, amenèrent des embarras dans sa fortune; son cabinet diminua; les causes commerciales allèrent à d'autres moins sincères, moins désintéressés, à des médiocrités rapaces. Il venait d'acheter, pour fonder à l'avance ses droits d'éligibilité, une terre qu'il ne put payer qu'en s'imposant une gêne insupportable pour un homme à l'humeur grande et large. C'est un état de choses que l'inintelligence des gouvernants, ou plutôt (nous voulons le croire) l'intégrité de M. Berryer, ne songea pas à améliorer.

La Restauration, si aveuglément prodigue, si niai-
sement reconnaissante envers des émigrés sans talent, sans couleur, ne savait pas, comme Napoléon,
relever un homme de portée par l'argent d'abord, et
par la considération qui en découle. La vue d'un nez
busqué de l'ancienne cour, la vue de la queue pou-
drée d'un voltigeur éreinté de Coblentz, éveillait
mille émotions piteuses et pleurardes dans le cœur de
ces gens incapables, et hors d'état d'estimer à son
prix un mérite réel et contemporain.

Enfin, quand M. Berryer eut atteint ses quarante ans,
lui et son parti songèrent à son début dans la vie politique et publique, et l'influence, les facilités, les con-
seils, les relations qui lui étaient nécessaires, il les trouva
dans M. Roux-Laborie, l'ami intime de M. de Polignac.
Charles X avait à cœur, de son côté, de voir M. Berryer arriver à la Chambre. Partagé entre ces hautes
sollicitations et la conscience de l'état de ses affaires
privées, M. Berryer se laissa-t-il compromettre par des
négociations de château, entraîner par des promesses
d'arrangement qui, en tout cas, ne furent jamais réa-
lisées? Fut-il dupe ou désintéressé? Ses amis, qui le
connaissent généreux, facile, croient qu'il a de gaieté
de cœur, et sans arrière-pensée, sacrifié franchement
sa grande position, sa fortune, à la fortune politique,
si incertaine. Tous ceux qui l'ont vu ainsi faire l'a-
bandon gratuit des ressources que son talent d'avocat
avait rendues si fécondes regrettèrent sa détermina-

tion, et les avoués d'alors ne se consolaient pas de le voir se suicider à la vie du Palais. Le ministère Polignac, cette dernière réserve d'un pouvoir qui s'usait en voulant s'épurer, fut un événement trop grand pour qu'il pût s'accomplir en dehors de l'influence désormais toute personnelle que M. Berryer venait de se créer par son entrée à la Chambre. Il prit part à sa formation, conservant par devers lui l'espoir de le mener et de le modérer; mais la machine était lancée, et les faibles bras de M. Berryer furent pris et broyés dans les engrenages.

La révolution de 1830 s'accomplit lorsque M. Berryer venait de faire les premiers pas dans les affaires publiques, et cette carrière, dont le but devait être un portefeuille et la direction des affaires de la France, fut obstruée tout à coup par les événements que le torrent de Juillet roulait avec lui.

Le député légitimiste hésita longtemps à prêter serment. Son parti craignit un instant que ce refus ne couvrît un découragement; mais les habiles se mirent en campagne: on le magnétisa, on berça l'homme facile avec les mots d'honneur chevaleresque, de fidélité au malheur; on lui rappela les engagements pris; on fit miroiter devant lui l'image des princes exilés, d'Henri V déshérité, de la France redemandant son roi légitime. Il se dévoua donc encore.

Ces nouvelles fiançailles avec la Restauration mourante ne rappellent-elles pas le serment que, dans

l'émigration, Charles X fit à madame de P....n? M. de
Latil, depuis archevêque de Reims, reçut cette pro-
messe solennelle, faite au lit de mort de cette dame,
et par laquelle le pusillanime survivant s'engageait à
ne plus aimer d'autre femme, à se consacrer tout entier à la religion, à rétablir les jésuites, si jamais Dieu
lui accordait de revoir la France. Charles X tint le
serment fait à madame de P....n ; M. Berryer est resté
fidèle à la puissance déchue.

Aujourd'hui M. Berryer est l'âme du parti légitimiste : position assez difficile, parce que les hommes
de ce parti, qui ne se sont jamais entendus, s'enten-
dent moins que jamais depuis la défaite. On a compté
tant de variétés de légitimistes, depuis les carlistes
purs jusqu'aux antonistes et aux henriquinquistes! Il
y a un parti de province et un parti de Paris; des
hommes qui veulent l'ancienne division de la France;
d'autres la France que Napoléon nous a laissée, plus
le duc de Bordeaux. Quelques-uns veulent reprendre
les choses à 1789 et partir de là en avant; quelques
autres abolir toute trace de constitution, et replacer
la branche aînée dans les termes de la monarchie de
Louis XIV.

Les plus traitables et les plus intelligents sont les
légitimistes de Paris. Ils se soucient fort peu de la
guerre de Vendée, qui, en temps de paix européenne,
leur semble un acte de pur donquichottisme, un dé-
plorable abus d'influence sur des paysans crédules et

paresseux. Quand les gentilshommes de province, fatigués de leur oisiveté, voulurent faire diversion à la chasse à courre par la chasse au pantalon rouge, et que la duchesse de Berry vint jouer au milieu d'eux son rôle d'amazone du Bocage, les légitimistes de Paris, qui considèrent les Charette, les d'Elbée, comme des noms de l'histoire ancienne, gémirent de l'anachronisme armé qu'on allait porter dans les provinces de l'Ouest, et détachèrent M. Berryer vers la romanesque princesse, pour lui faire abandonner son projet. Il lui parla, ne lui épargna aucun conseil, et ne réussit pas. M. Berryer vit avec douleur échouer toute son éloquence contre cette volonté féminine, qui semblait prendre dans son dénûment, ses privations, ses souffrances, une espèce d'énergie désespérée.

M. Berryer parlait à la duchesse de Berry non-seulement au nom de sa sûreté personnelle, mais encore au nom des intérêts du parti; car M. Berryer appartient à cette nuance qui n'espère rien des moyens violents; qui veut se servir de la tribune, des élections et de la forme constitutionnelle; battre le système nouveau avec ses propres armes. C'est un triomphe impossible, mais dont l'illusion caresse son amour-propre. M. Berryer sait bien d'ailleurs que la Restauration le payerait en belle monnaie d'ingratitude.

Sait-il aussi bien qu'il ne serait jamais qu'un ministre diplomate, et que ce qu'il entend le mieux, ce sont les affaires des autres, pas du tout les siennes?

Oui, sans doute, M. Berryer sait tout cela et s'en accommode. Fort détaché de l'argent, la tête pleine de projets et d'aventures, il trouve, dans ce rôle de chef unique d'un parti, des satisfactions qui lui suffisent. Sa position à la Chambre ne laisse pas que d'être piquante. Il s'isole, hausse les épaules, écrit, ricane tout seul, prend la parole par hasard, par caprice; puis, quand il a joué quelque bon tour au gouvernement de Juillet, il se rassied, et sa physionomie garde longtemps l'empreinte d'un sourire qui traduit ses jouissances intérieures.

La différence d'opinion n'a pas détaché de M. Berryer ses amis du barreau; il a conservé ses habitudes de familiarité et de tutoiement avec ses camarades, M. Dupin, M. Odilon Barrot, M. Mauguin. Depuis quelques années même, le dérangement de ses affaires le ramène un peu vers le Palais, qu'il a trop dédaigné : il plaide plus volontiers; mais, par un tour d'esprit vraiment chevaleresque, il aime et recherche les mauvaises causes, les causes perdues ; et, comme ces chirurgiens dont le nom ne se rattache qu'à des opérations difficiles et désespérées, lui aussi il aime les cas rares.

Dans les procès des journaux de son parti, qu'il a souvent soustraits à la sévérité du parquet, il se montre d'un grand désintéressement et n'accepte aucun honoraire. Il refusa une forte somme que lui offrit l'accusé Dehors, lavé par lui d'une accusation d'incendie, et cependant l'âge (M. Berryer a une cinquantaine d'années) n'a pas refroidi son humeur jeune, enjouée, dissipatrice.

C'est toujours dans le monde le même homme, faisant de la politique artiste; aimable, abandonné, passionné pour la musique italienne, dépensier, capable d'avaler le Pactole entier, avec ses eaux et ses paillettes d'or.

Cette étude, en quelque sorte intime, du caractère de M. Berryer, semble exclure toute appréciation raisonnée de son magnifique talent, qu'aucun parti ne conteste; mais, sans se laisser aller à des définitions de l'art oratoire, on peut dire qu'il en possède au plus haut degré toutes les qualités.

Il est le véritable orateur.

Si la conversation privée de M. Berryer n'est pas, en apparence, plus spirituelle; s'il n'a pas la répartie vive, prompte et présente, c'est qu'il ne le veut pas, c'est que sa paresse ne se prête pas à faire le feu de file avec des mots. Mais il est essentiellement, et au fond, très-spirituel, goûte avec ivresse toutes les jouissances de l'esprit, se montre indulgent à tout ce qui est esprit, possède au plus haut degré la faculté de s'émouvoir et de pleurer, et recherche tous les petits bonheurs du sensualisme intellectuel. C'est, au résumé, un homme doux, facile, et dont on peut se

plaire à compter l'une après l'autre toutes les qual
tés, parce qu'il ne sera jamais dangereux pour pe
sonne, pour aucun parti.

NESTOR ROQUEPLAN.

PARIS — IMP. SIMON RAÇON ET COMP., RUE D'ERFURTH, 1

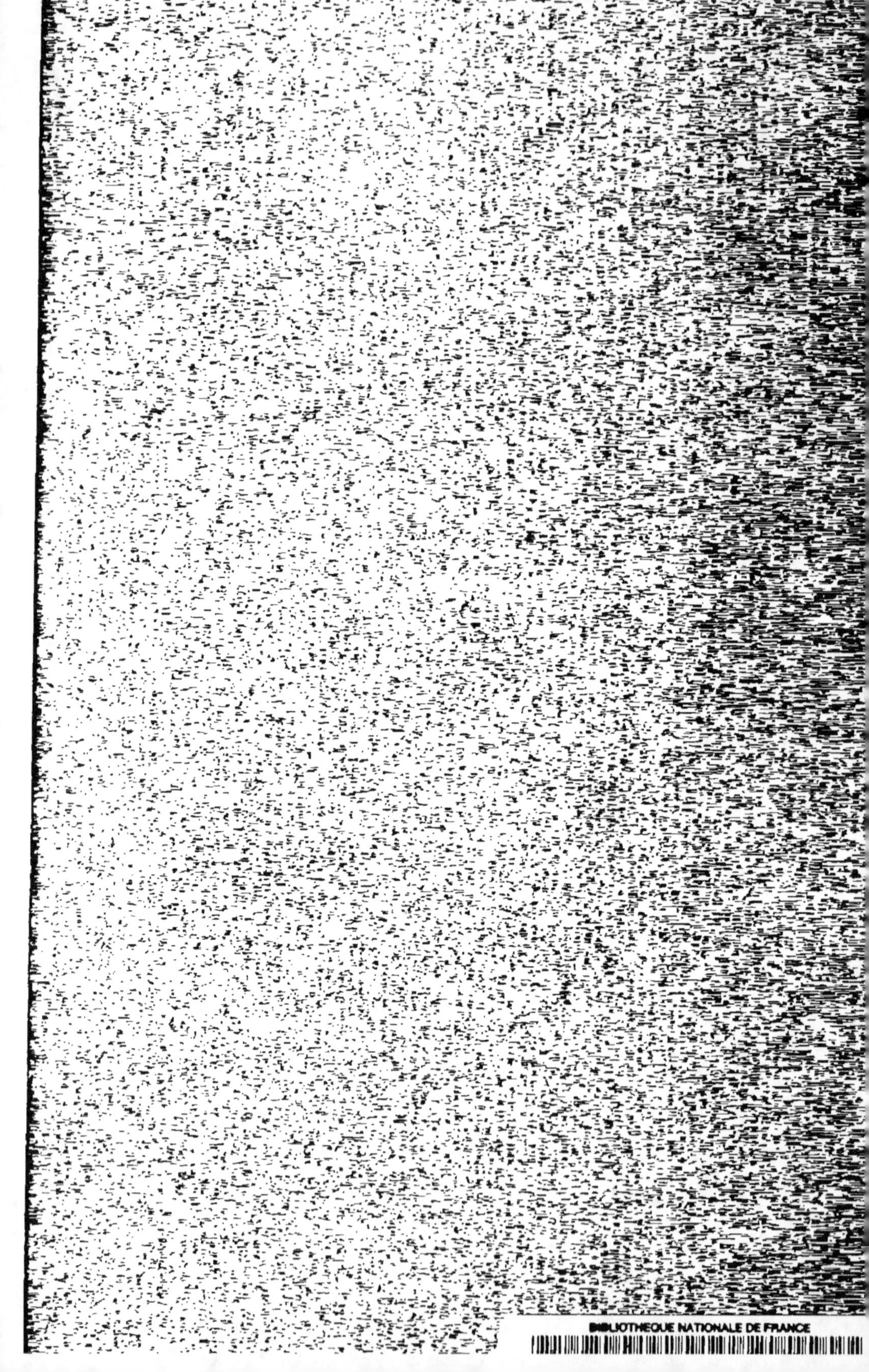